新雅·寶寶生活館
寶寶快樂成長系列

我學會穿衣

作者：佩尼·塔索尼 (Penny Tassoni)
繪圖：梅爾·霍亞 (Mel Four)
翻譯：Zeny Lam
責任編輯：林沛暘
美術設計：鄭雅玲
出版：新雅文化事業有限公司
香港英皇道499號北角工業大廈18樓
電話：（852）2138 7998
傳真：（852）2597 4003
網址：http://www.sunya.com.hk
電郵：marketing@sunya.com.hk
發行：香港聯合書刊物流有限公司
香港荃灣德士古道220-248號荃灣工業中心16樓
電話：（852）2150 2100
傳真：（852）2407 3062
電郵：info@suplogistics.com.hk
版次：二〇二一年六月初版

ISBN: 978-962-08-7678-3
Original title: *Time to Get Dressed*
Text copyright © Penny Tassoni 2021
Illustrations copyright © Mel Four 2021
This translation of Time to Get Dressed is published by Sun Ya Publications (HK) Ltd. by arrangement
with Bloomsbury Publishing Plc through Andrew Nurnberg Associates International Limited.
Traditional Chinese Edition © 2021 Sun Ya Publications (HK) Ltd.
18/F, North Point Industrial Building, 499 King's Road, Hong Kong
Published in Hong Kong
Printed in China

我學會穿衣

佩尼·塔索尼 著　　　梅爾·霍亞 繪
Penny Tassoni　　　　Mel Four

新雅文化事業有限公司
www.sunya.com.hk

每個人

都會穿衣服，

還會穿鞋子。

衣服可以替我們保暖，

還使我們不被雨淋濕。

下雨天，你會穿什麼衣服呢？

有的衣服在炎熱時穿，

有的衣服在睡覺時穿。

睡覺時，你會穿什麼衣服呢？

我們會穿上衣服
和鞋子,

又會脫下來!

你可以自己脫下這些衣服嗎？

穿衣服很有趣！

但也有很多事情要學習。

你可以把鞋子和襪子湊成一對嗎？

有些衣服穿在
裏面。

穿上內衣和內褲後，
外面要穿什麼？

最後要
穿什麼呢？

衣服分為正面和背面。

哪一面是正面，哪一面是背面呢？

褲子有點難穿。

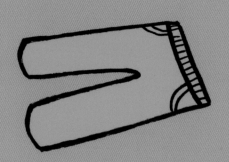

你可以把褲子放在地上，
記得正面向天。

先把一隻腳穿進去，
再穿另一隻腳。

站起來，然後把褲子
拉上去！

有些衣服要從頭頂套下來。

哪些衣服需要這樣穿呢？

你有哪些衣服呢？

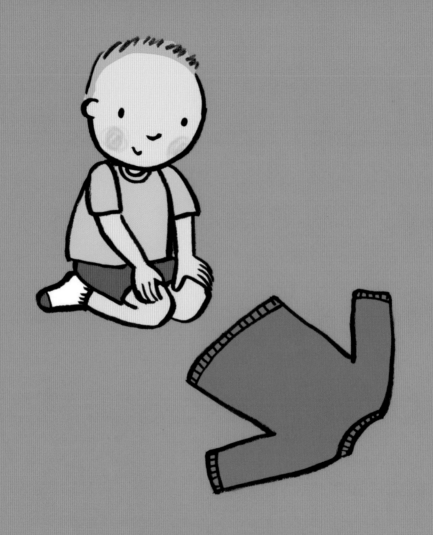

你可以把衣服放在地上，
記得背面向天。

把衣服套在頭上，然後往下拉。

先把一隻手穿進去，再穿另一隻手。

你可能需要別人幫忙
拉拉鏈，扣鈕扣，
或使用啪鈕。

*啪鈕又稱為「按扣」或「四合扣」。

但你也可以試
試自己來，

總有一天，你自己也做得到！

如何培養寶寶穿衣服的自理能力

穿衣服是對寶寶肢體發展非常重要的技能。這不但可以訓練寶寶的手眼協調能力、平衡力和空間感，還有效提升自信心，讓他體會成功做到的滿足感。當寶寶接近四歲時，他多數已懂得自行穿上大部分衣服。當然，有時候還是需要爸媽幫幫忙。如果爸媽希望寶寶提升自理能力，便需要多給寶寶鼓勵和支持。您不妨參考以下的一些方法：

- 每天練習穿脫衣服，養成習慣。記得預留足夠時間給寶寶嘗試，不要急，以免讓彼此有壓力。

- 先鼓勵寶寶脫下部分衣服，然後再提議他脫下全部衣服。你可以逐項提醒他，例如說「脫下帽子」、「解開外套的鈕扣」。即使寶寶做不到，或是需要幫忙，也應讚賞他。

- 當寶寶做錯了，別急着糾正，請讓他繼續嘗試。當寶寶不知所措時，才提供協助。

- 鼓勵寶寶挑選自己想穿的衣服。

- 告訴寶寶衣服的各種特徵，例如袖子、衣領和鈕扣。

- 教寶寶以衣服上的標籤、圖案等線索，分辨衣服的正面和背面。

- 指出衣服的開口，然後說「這個洞可以讓你的頭／手穿過去」。

- 按照穿衣次序來排列衣服給寶寶自己穿上。

- 坐在地上穿衫褲鞋襪，寶寶會更容易上手。

- 親自給寶寶示範拉拉鏈、扣鈕扣和使用啪鈕的方式。

　　其實，爸媽還可以選購較容易穿的衣服給寶寶。待寶寶開始掌握穿脫衣服的技巧後，才增加難度。這樣就能逐步提升寶寶的自理能力，讓他變得越來越獨立。